AF339397

7

LK 3711.

INSTRUCTION

EN FORME DE CATÉCHISME

PAR LA

TRÈS-SAINTE VIERGE

A DEUX JEUNES BERGERS

Dans l'apparition de la Salette, en septembre 1846,

ET

DANS L'ANNIVERSAIRE DE CETTE APPARITION, POUR LES NATIONS DE LA TERRE;

PAR

M. ALLARD,

Prêtre, né au Villard-de-l'Ans, lieu de l'apparition.

PARIS

IMPRIMERIE DE J.-B. GROS,

RUE DU FOIN-SAINT-JACQUES, 18.

4 FÉVRIER 1850

R. F.

PRÉAMBULE.

Le présent ouvrage, publié à la plus grande gloire de Dieu et en l'honneur de la très-sainte Vierge, est précédé d'un autre intitulé : « Paradis terrestre de la fin des siècles, » dont il est, en quelque sorte, la continuation. Des volumes entiers suffiraient à peine pour décrire l'apparition de la mère de Dieu sur la montagne de la Salette ; après le miracle de la résurrection, ce dernier est peut-être un des plus grands : il résume, pour ainsi dire, l'Evangile. Quant à la véracité du fait, des prodiges sans nombre le prouvent chaque jour ; il suffira, pour les plus incrédules, de savoir que, depuis le 19 septembre 1846, jour où Marie apparut aux deux jeunes bergers, des pécheurs très-endurcis dans le crime se sont convertis, et que le diocèse de Grenoble a, en quelque sorte, changé de face. L'évènement de la Salette étant donc surnaturel, il ne faut pas s'étonner si les détails en sont par fois peu clairs ou les pensées peu nettement exprimées ; l'homme, borné par sa faible nature, ne peut s'élever jusqu'au trône du Très-Haut, pour pénétrer les secrets de l'Eternel ; il doit, au contraire, s'humilier à la vue de son ignorance.

Adam et Eve ont salué le monde dans son commencement, Maximin et Mélanie le saluent dans son extrême vieillesse. Ici biens périssables ; là biens incorruptibles. Ici biens matériels, temporels et terrestres ; là biens spirituels, éternels et célestes. Ici péché, nature déchue, privation ; là nature rétablie, assemblage de tous biens, anticipation du bonheur infini.

Parmi les neuf chœurs des anges, les dominations enrégimentées ont brisé la dureté du plomb, qui ne sait plier et se fondre que par la fournaise ardente. D'après l'épître de St. Paul, pour le dimanche de la Sexagésime, le présent ouvrage est comme jetté à la nage, à travers mille et mille difficultés ; le lecteur pieux et confiant en Marie peut donc se promener avec l'enfance reprochée à Noé, dans la construction de l'arche, à N. S. J.-C., dans la sainte communion, et aux bergers de la Salette, dans leur naïveté.

Le mot Salette-Fallavaux présente à lui seul quelque chose de fort remarquable ; Salette, qui signifie saltare, danser, être en festin, Fallavaux en Beaumont, même pays, vallée fausse auprès d'une haute montagne. A l'œil, rochers affreux, abîmes épouvantables ; à l'oreille, cris des bêtes féroces ; à l'odorat aucune fleur d'agréable odeur ; au goût, rien qui puisse le satisfaire ; au toucher, vil métal, de la neige même dans les plus grandes chaleurs de l'été, chemins étroits, pierreux, difficiles, environnés de ronces et d'épines ; l'on dirait la montagne du Seigneur, le chemin du Ciel.

Puisse le présent ouvrage rallumer dans les cœurs indifférents le feu de l'amour divin ; puisse-t-il inspirer aux fidèles, dociles à la grâce, un ardent désir d'étendre le royaume de Dieu ; puissent enfin tous les lecteurs se bien pénétrer que Marie n'est pas seulement la mère de Dieu, mais qu'elle est aussi la mère des Chrétiens, et qu'elle est toujours prête à secourir ceux qui l'invoquent avec confiance !

ÉVÉNEMENT DE LA SALETTE.

Marie, dans son apparition à la Salette, a résumé tous les mystères de l'ancien et du nouveau Testament; de même, dans l'anniversaire, elle a résumé tous les mystères représentés par ses paroles, ses actions et les localités de la Salette.

En 1847, le mois de septembre avait quatre dimanches : les quatre mille ans avant l'ère chrétienne; le 19 était un dimanche précédé des six jours de la semaine : les six mille ans, existence du monde; le dimanche y joint : les sept âges, le dernier contient près de deux mille ans. Les quatre semaines de l'Avent représentent les quatre mille ans avant le premier avènement du Messie,

CRÉATION DU MONDE.

Les six jours avant l'anniversaire représentent la création; après chaque objet, le Seigneur tressaillait de joie : la Salette est située dans les localités appelées Beaumont. Le sixième jour, l'homme a été créé; le Créateur a poussé un soupir, il s'est reposé; l'événement de la Salette a eu lieu un samedi, l'anniversaire a été célébrée un dimanche.

Du côté de la France, on entre à la Salette par Saint-Michel-les-Portes; on dirait que ce nom a été choisi à dessein. A côté, Sainte-Luce, opposée à Lucifer; plus loin, les Vertus; les neuf chœurs des Anges, ou les vertus de Marie, reine des Anges; enfin Corps, qui peut signifier un corps d'armée, un régiment, une légion, une milice.

Vers l'étranger, pays affreux : par le péché, nous sommes étrangers. Au côté opposé, Entre-Aigues, qui signifie *inter aquas*; parmi les eaux, île, sur le point d'être submergée, engloutie, ville entre deux feux, prise d'assaut, environnée de tranchées, tout à feu et à sang, citoyens au fil de l'épée, bouches à feu qui grondent de toutes parts, épouvante, guerre ou Purgatoire entre l'Eglise triomphante et l'Eglise militante. Déluge opposé à Beaumont. Les eaux signifient aussi abondance.

Un peu plus loin, Le Perrier, qui signifie périr, de *perire*, ou *pestis*, peste. Plus loin encore, Chante-Louve : la famine fait sortir le loup du bois ; rien de plus vorace, de plus terrible, qu'une louve qui crie dans le désert, parce qu'elle n'a pas de quoi nourrir le fruit de ses entrailles. Chante-Louve indique aussi la famine ou le démon qui rôde autour de nous, cherchant qui il pourra dévorer ; *veni de Libano, amica mea, sponsa mea, veni coronaberis* (cantique des cantiques) ; ces bêtes féroces sont changées en étoiles magnifiques dans l'Apocalypse.

Si les pays qui entourent la précieuse montagne de la Salette annoncent le péché et ses suites, à côté on remarque Val-Joufray, qui signifie une vallée, humilité et *jus facere* ou *fieri*, faire justice, donner héritage, se faire tout à tous pour les gagner tous, ou bien être sous le joug, *fieri sub jure*. A côté, La Valdens et Valbonais, ce qui signifie la grâce, bonne santé, bien se porter, grâce gratuite, de participation et de surérogation. A côté de Corps, Pel-à-Fol, *pellis falsa*, peau mensongère : les biens terrestres ne sont que de l'écorce, qu'une ombre fugitive ; ne craignez pas ceux qui tuent les corps, craignez ceux qui tuent les âmes. Tous ces pays sont enchaînés les uns dans les autres, et groupés aux environs ainsi qu'aux pieds de la précieuse montagne de la Salette : si les uns nous épouvantent, les autres nous encouragent en nous inspirant, par leur position, que Notre-Dame de la Salette se fait toute à tous pour nous gagner tous, refuge des pécheurs, consolatrice des affligés et soutien des malheureux.

LA CONCEPTION.

On distingue quatre années : l'ecclésiastique, la civile, la militaire et la scholastique ; l'ecclésiastique commence quatre semaines avant Noël. Une des premières fêtes de cette année est l'Immaculée Conception, représenté

dans l'anniversaire par la pluie abondante de la nuit
du 18 au 19 septembre 1847, qui, avec la froidure, a
pour ainsi dire, pénétré les corps des pèlerins, ceux qui
étaient dans les baraques exceptés. Marie et Jésus son
Fils ont été exceptés du péché originel, et peut-être
Saint-Joseph ; Saint-Jean a été sanctifié dans le sein de
sa mère.

NOEL.

Joseph et Marie, ainsi que les habitants de la Judée,
se rendent à Bethléem pour l'édit de l'empereur Auguste;
les chemins sont encombrés de toutes parts. Après une
course de trente lieues, Joseph et Marie sont repoussés
pour cause de pauvreté, méconnus de leurs parents et
de leurs amis ; ils ne trouvent plus qu'une étable, une
crèche, de la paille, pour la naissance du Désiré des
nations. Les pèlerins de l'anniversaire ne trouvent ni
logement, ni nourriture; quelques baraques avec de la
paille sont le seul ornement de la Salette, un autel en
planches est le seul berceau du Messie. A Bethléem, pas
assez d'écrivains pour enregistrer les noms, afin de les
présenter au palais d'Auguste : à l'anniversaire, pas assez
d'églises, pas assez de prêtres, pour enregistrer par les
sacrements les pieux pèlerins, afin de présenter leurs
noms dans le royaume des cieux. Jésus vient au monde
dans le milieu de la nuit et de l'hiver : le jour de l'anniversaire, les messes commencent dans la nuit à la Salette ;
montagne couverte de neige perpétuelle : hiver éternel.

LA CIRCONCISION.

M. le curé de Notre-Dame de Grenoble allant à la
Salette, le jour de l'anniversaire, tombe et reçoit une
large cicatrice, le sang coule : souvenir de la Circonci-
sion; à la vue de ce mystère, Marie et Joseph versent
des larmes ; mais ils sont consolés par le saint nom de
Jésus. A Notre-Dame de la Salette, M. le curé Gérin est
consolé par le doux nom de Marie ; il parle d'un compte
à rendre avec sa jambe, il est considéré comme Pape au
milieu de la foule : ceci représente Jésus chargé de nos
iniquités, par l'effusion de son sang. La guérison subite

de M. le curé, marque aussi, celle de nos âmes par les larmes de notre repentir.

LES MAGES.

Les Mages viennent de l'Orient conduits par une étoile; ils s'arrêtent à Jérusalem, parlent au roi, prennent des informations, se rendent au berceau du Messie, retournent dans leur pays par un chemin opposé, afin d'éviter la rencontre d'Hérode : les pèlerins vont à la Salette, sont obligés de séjourner dans le voisinage à cause des mauvais chemins et de la rigueur du temps. Après la cérémonie, la foule se disperse, mais elle est tellement considérable que plusieurs préfèrent retourner par une route un peu différente de celle qu'ils avaient parcourue. Les pauvres et les bergers sont obligés de bivouaquer à la Salette, par défaut de fonds; mais ils sont les premiers appelés à la crèche; les dignitaires, les riches et les savants arrivent les derniers, pour offrir l'or, la myrrhe et l'encens. Désormais la Salette sera une montagne précieuse, on y viendra de toutes parts et on offrira des présents de toute espèce.

PRÉSENTATION ET PURIFICATION.

Les pèlerins après avoir purifié leurs âmes par le sacrement de pénitence, réparé leurs fautes par les larmes de leur repentir, et s'être éprouvés, se présentent à la Salette pour offrir à Marie, et par son entremise à son divin Fils, leurs propres personnes et celles de leurs familles.

ANNONCIATION.

L'ange annonce Jésus par l'opération du Saint-Esprit, dans le sein de Marie : à la Salette, les prêtres, par la communion, opèrent le même prodige dans le corps et l'âme des pieux pèlerins.

LES CINQ PLAIES.

A la Salette, 1° fatigue du voyage; 2° défaut d'habitation; 3° manque de nourriture; 4° froideur du climat;

5° pluies abondantes ; cinq sujets de pénitence pour les pèlerins qui les acceptent en souvenir des cinq plaies de leur Sauveur.

ENTRÉE TRIOMPHANTE.

De toutes parts des vieillards, des malades, des infirmes, se présentent à Corps et aux environs de la Salette. Ils sont reçus avec acclamations ; ils apportent avec eux divers objets de piété ; leurs vêtements sont mouillés, ils s'en dépouillent pour les faire sécher devant le feu : image des Juifs, qui jettaient leurs vêtements sur le passage de J.-C., dans son entrée triomphante à Jérusalem, tous brûlant de l'amour divin représenté par le feu qui séchait les vêtements des pèlerins.

SEMAINE SAINTE.

Agonie, prières et souffrances de Jésus à Gethsémanie, au Calvaire, dépouillement, cris, mort et sépulture : les pèlerins de la Salette passent par de bien mauvais chemins, dégradés par les dégats et la pluie de la veille. Les voyageurs suaient pour ainsi dire sang et eau ; en montant, ils étaient extasiés à la vue des prodiges ; les uns se jettaient entre les bras des croix qu'ils pressaient contre leur cœur ; les autres, dont les habillements étaient imbibés, s'en dépouillaient ; ils se plaignaient, pleuraient, sanglotaient. D'autres, au contraire, priaient, chantaient, se frappaient la poitrine. Un voile était étendu sur la foule compacte, composée d'environ soixante mille âmes accourues de tous côtés, en tout à peu près cent mille dans la journée ; ce voile a été levé comme par enchantement : tout à coup les nuages se sont dispersés et le ciel est devenu serein. A la mort de Jésus, le voile du temple se déchira, et les rochers du Calvaire se fendirent de regret ; les rochers de la Salette ont été fendus par les pèlerins, chacun s'est empressé d'en détacher quelques fragments qu'ils ont emportés comme précieux souvenirs des miracles dont ils avaient été témoins ; plusieurs de ces pèlerins ont depuis renoncé au monde pour s'ensevelir dans des cloîtres.

LA RÉSURRECTION.

Un grand nombre, frappés à la vue des prodiges qui se sont opérés, le jour de l'anniversaire, n'ont pu résister plus longtemps au cri de leurs consciences; ils sont sortis du tombeau de leurs péchés, pour ressusciter à la vie de la grâce.

L'ASCENSION.

Du lieu de l'apparition pour arriver à Saint-Michel-les-Portes et à d'autres pays, il faut encore monter, suer et se reposer : l'on peut ainsi contempler dans le lointain des paysages très-étendus; Ascension de J.-C., retraite des apôtres.

PENTECOTE.

Les pèlerins descendirent pleins de l'esprit divin, ils se rendirent à leurs domiciles, annonçant les merveilles du Très-Haut, et inspirant à leurs auditeurs un amour ardent pour Dieu et sa divine Mère, image de la descente du Saint-Esprit. Le jour de la Pentecôte, les apôtres, animés par le Saint-Esprit, se dispersèrent dans tout le monde pour prêcher l'Evangile, et convertir les peuples à Dieu.

TRINITÉ.

Les pèlerins avaient beaucoup vu, beaucoup entendu et beaucoup compris; la mémoire, l'intelligence et la volonté étaient satisfaites, ils rendaient gloire au Père, priaient le Fils et invoquaient le Saint-Esprit.

FÊTE-DIEU.

Les quarante prêtres représentaient l'Eglise et les coudées de l'Arche; la foule des fidèles qui parcouraient en priant le chemin tracé par la Sainte-Vierge, représentaient les processions dans les Eglises, le divin Jésus était au milieu d'eux; ils le possédaient par la communion.

LA VISITATION.

Les pèlerins de l'anniversaire sont visités par Marie qui, du haut des cieux, jette sur eux des regards de miséricorde, de même que, lors de son apparition, cette glorieuse Reine du ciel et de la terre, porta ses regards sur les deux jeunes bergers.

L'ASSOMPTION.

A la Salette, les pèlerins s'élèvent appuyés sur la foi et l'amour divin, comme Marie, le jour de sa glorieuse Assomption, s'éleva jusqu'aux cieux, appuyée sur le cœur de son divin Fils.

LA NATIVITÉ.

Le jour de l'anniversaire, les pieux pèlerins, après avoir rendu gloire à Dieu, se consacrèrent et s'offrirent à Marie, qui alors prit naissance dans leurs cœurs, comme autrefois dans la maison de Nazareth ou de Lorette.

NOTRE-DAME DU ROSAIRE.

Le jour de l'apparition, le saint Rosaire fut représenté par les roses sur lesquelles Marie marchait; à l'anniversaire, Notre-Dame du Rosaire a été aussi représentée par les nombreux chapelets des nombreux pèlerins. Les éclairs sillonnaient l'horizon en tous sens; le tonnerre grondait de tous côtés, dans la nuit de l'anniversaire, comme dans l'établissement du saint Rosaire à Vannes, à Toulouse, à l'occasion de saint Dominique, et le bienheureux Alain de la Roche; comme aussi dans les plus grands mystères, la mort du Sauveur, la Résurrection, la Pentecôte.

LES SAINTS ANGES.

Saint-Michel-les-Portes, Sainte-Luce, les Vertus et Corps forment comme une chaîne ou un chœur autour de la précieuse montagne de la Salette. Le jour de l'anniversaire des millions d'anges se réunirent aux Anges des pèlerins, pour adorer l'Agneau sans tache qui était immolé sur les autels.

LA TOUSSAINT.

Par les bonnes dispositions avec lesquelles les pèlerins visitèrent la sainte montagne, et les nombreuses conversions qui se sont opérées le jour de l'anniversaire, le ciel s'est réjoui, et l'Église [illegible] a célébré le retour d'un grand nombre d'âmes [illegible] de tomber en enfer.

LES TRÉPASSÉS.

Les Trépassés ont été représentés à la Salette par la pierre noire emportée et par les eaux [illegible].

LA DÉDICACE.

Les pèlerins, pleins de reconnaissance pour les grâces qui leur étaient accordées, se consacraient à Dieu et lui offraient leurs cœurs. Ils luttaient contre les injures du temps et les incommodités de la localité. Peine volontaire.

L'ÉGLISE SOUFFRANTE.

Parmi les pèlerins, il s'en est trouvé qui ont imploré le secours de Notre-Dame de la Salette en faveur des défunts, et Marie n'a pu refuser les prières qui ont été adressées à son très saint et immaculé cœur pour les âmes des fidèles trépassés, pas plus que celles qui lui ont été présentées pour le soulagement des corps des malades. L'Église souffrante a, par conséquent, été représentée le jour de l'anniversaire, et il y a tout lieu d'espérer qu'elle a reçu un grand soulagement.

L'ÉGLISE TRIOMPHANTE.

Des cris de joie et d'allégresse ont rempli la précieuse montagne de l'apparition, le jour de l'anniversaire. Les pèlerins se retirèrent, le cœur content et satisfait : joie et allégresse de l'Église triomphante.

LE BAPTÊME.

Les malades, les infirmes et les valétudinaires se lavaient avec les eaux de la Salette et faisaient sur eux-

mêmes des signes de croix : image du baptême, bain
spirituel que donne l'Eglise aux nouveaux-nés.

LA PÉNITENCE.

Fatigues du voyage, mauvais chemins, pluies abondantes qui pénétraient les pèlerins, pleurs et regrets à
la vue de leurs iniquités : voilà pour le sacrement de
pénitence.

L'EUCHARISTIE.

Empressement pour assister au saint sacrifice, écou-
ter les vérités qui leur sont annoncées, et recevoir leur
Créateur dans le sacrement de son amour : commémora-
tion de ce grand mystère.

CONFIRMATION.

Le baptême donne la foi ; plusieurs avaient entendu
parler de la Salette et possédaient de l'eau ainsi que des
pierres de cette précieuse localité. Ils gravirent la sainte
montagne le jour de l'anniversaire, afin d'être raffermis
dans leur foi et obtenir un redoublement de confiance
en Marie, ils auraient même été prêts, s'il l'eût fallu, à
défendre la vérité de l'apparition aux dépens de leur vie.

L'EXTRÊME-ONCTION.

Des malades, sur le point de mourir, s'appliquaient
de l'eau de la Salette sur leurs yeux, leurs oreilles, leurs
bouches, leurs mains et leurs pieds, en forme de croix,
imitant ainsi les onctions que fait le prêtre sur le mori-
bond.

L'ORDRE.

Le jour de l'anniversaire, il y avait des ecclésiastiques
en grand nombre ; quelques-uns des pèlerins séculiers
ont conçu l'idée d'être promus à la dignité du sacerdoce ;
parmi eux, il s'en trouvera peut-être qui, un jour, seront
élevés à la dignité épiscopale.

LE MARIAGE.

L'union, la charité et la fraternité régnaient dans

toute l'assemblée des pèlerins, en sorte que l'on pouvait dire que cette assemblée, composée d'hommes et de femmes, n'avait qu'un cœur et qu'une âme, image de l'union qui fait le bonheur des époux.

LES VERTUS THÉOLOGALES.

Conduits par la foi, les pèlerins espéraient beaucoup, demandaient toutes sortes de guérisons et de faveurs; l'amour était le mobile de leurs actions, ils étaient animés d'une foi inébranlable, avaient une ferme espérance et brûlaient d'une ardente charité.

Les quatre mille ans avant l'ère chrétienne contiennent les six premiers âges, ce qui, dans les proportions et d'après la juste répartition, donne à chaque âge 750 années.

Nous comptons dans l'ère chrétienne déjà 1850 ans; il est permis de croire que le monde devait périr; nul doute qu'il serait détruit si Marie n'avait interposé son autorité. Si le monde n'existait pas, nous n'y serions pas; c'est donc à la médiation de Marie que nous sommes redevables du jour qui nous éclaire. Par la prolongation des siècles et la multiplicité des nations, le Seigneur a augmenté le nombre des citoyens du ciel. Marie est donc positivement la mère naturelle des enfants des derniers siècles, à titre d'élection et de suffrage. Efforçons-nous de lui rendre l'honneur, la gloire, l'amour et le respect qui lui sont dus, pour ce grand bienfait de la vie temporelle et éternelle. Marie est encore notre mère à titre de conservation et de rédemption: donner la vie est un grand bienfait, mais la sauver n'en est pas un moindre. Les prêtres, dans la direction des consciences, peuvent par leur puissance sur les esprits, détourner de certains abus dangereux, surtout dans le mariage, et, par leurs conseils, contribuer à la procréation de l'espèce humaine; de même, les pécheurs sont, par leurs conversions, le fruit de l'apparition à la Salette. Quelle consolation pour le prêtre de contempler dans l'éternité des saints qui auraient été privés de la vie éternelle, sans l'excellence, la sagesse et la di-

[illegible] son [illegible]ère! Bien que la vie présente nous soit à charge, l'espérance du ciel, assurément, mérite que nous fassions tous nos efforts pour y parvenir; une place nous y est réservée, nous devons donc travailler pour l'obtenir...

A la Salette, Marie nous virginise; si nous sommes appelés chrétiens, c'est parce que nous venons du Christ; nous pouvons aussi nous appeler Maristes, parce que nous sommes siens, c'est-à-dire les enfants de Marie; toutes ses vertus, tous ses mérites nous appartiennent, à titre de succession naturelle.

Les biens de femme sont imprescriptibles et inaliénables, aussi bien que ceux des enfants. Par le péché, nous dissipons les trésors du sang de Jésus notre Père, notre Maître et notre Rédempteur; Marie, en tous temps, conserve la qualité de Mère, pourvu qu'on la reconnaisse. Ainsi, pauvre orphelin, ta Mère est refuge des pécheurs, consolatrice des affligés, secours des Chrétiens. Dans tes afflictions, à la mort, présente l'Immaculée Conception, la virginité, l'exemption des péchés de Marie, et la justice de Dieu deviendra moins rigoureuse à ton égard. Les vertus de ta Mère t'accompagneront partout jusque dans les abîmes, pour adoucir tes douleurs.

Le premier âge du monde comprend 1656 ans, mais alors on vivait 900 ans; pour arriver à 4000, il ne reste plus que 2334 à partager à cinq âges. Notre vie, quoique la plus courte dans le dernier âge, comprend déjà 1850 années; cette prolongation et multiplication semblent être dues à Marie, non que ce soit un bonheur de vivre, mais elle nous attend dans les cieux. Ce siècle est son siècle privilégié. La France, par la Salette, est devenue l'enfant de prédestination; plus une mère a éprouvé de douleurs et de peines pour porter et élever un enfant, plus cet enfant lui est cher.

Marie s'est montrée à la Salette un samedi sur le soir, le jour du Sabbat, veille du dimanche; l'œuvre qu'elle venait faire était importante, si digne, qu'elle jugea réclamer le repos du dimanche: image du ciel et du repos qui a suivi la création. C'est donc parce que les

derniers siècles lui appartiennent ; qu'elle ait à
peine de nous avertir en personne ; c'est donc à Marie
qu'indirectement nous sommes redevables de la vie présente, puisque le dernier âge ne devait comprendre
tout au plus que huit à neuf siècles ; comme mille ans,
nous en comptons déjà plus de dix-neuf cents. C'est Marie
qui nous a créés à titre de protection et d'amour ; à
moins d'erreur, c'est une idée personnelle ; elle n'est pas
Dieu, nous devons nous jeter entre ses bras avec confiance, parce qu'elle est plus rapprochée de notre nature. Elle est miséricorde, la justice appartient à son
Fils. D'après le bienheureux Ligori, si le démon voulait
et pouvait s'humilier devant Marie, en reconnaissant
son empire, ses chaînes pourraient encore être brisées.

Sans Marie, depuis longtemps le monde serait détruit, le ciel ne serait qu'un lieu solitaire, qu'un vaste
désert. Les révolutions n'arrivent, le sang ne coule que
dans les absences de la Sainte Vierge, c'est-à-dire dans
les cœurs ingrats et endurcis qui méconnaissent son
immaculée Conception, sa virginité perpétuelle et sa ma-
ternité commune à tous les Chrétiens comme à Jésus,
son divin Fils. Profitons des leçons de sagesse que cette
bonne mère a données à notre siècle, particulièrement à
la France, dans son apparition à la Salette ; allons à son
école, étudions son catéchisme, et nous ne périrons jamais.

Le 9 septembre 1849, M. le curé de Notre-Dame-des-
Victoires, après mon discours sur la Salette adressé à
l'archiconfrérie, est monté en chaire pour annoncer ce
que j'avais omis par oubli ou pour n'être pas trop long ;
les auditeurs croyaient à tort que nous étions convenus
d'avance de parler ainsi.

Fin octobre, même année, dans une autre église, je
ne savais pas sur quel point de vue j'envisageais la
même apparition, devant une société assez nombreuse
de saint François Xavier ; le Saint-Esprit avait pourvu
d'avance à mon embarras. L'éloquent M. Le Dreuil pa-
rait à la tribune avant moi ; son discours est sur les
saints Anges Gardiens, le mien est sur Notre-Dame de

[illegible] démontre l'efficacité de la protection [illegible] Vierge. Il s'étend sur les apparitions des [illegible] je m'étends sur celles de Marie, notre mère. [illegible] différentes couleurs politiques sont dévelop-[illegible] satisfaction des auditeurs ; de même, chacun [illegible] entendre le récit simple des différentes [illegible] avec lesquelles Marie s'est présentée à la Sa[illegible] 1846, le 19 septembre. Je n'avais jamais ad[illegible] parole à M. l'abbé Le Dreuil, il ne pouvait [illegible] exister de connivence entre lui et moi, pour la [illegible] de nos sujets qui avaient tant de ressemblance et de rapports.

Les apôtres, au nombre de onze, regardaient, dans leur incrédulité, comme une risée la Résurrection de notre Seigneur Jésus-Christ. A Paris, des disciples du Christ, au nombre de onze également, m'inspiraient la plus grande réserve sur le récit de la Salette. Malgré mon respect pour leur prudence, leurs talents et l'adage du poëte ancien : « *Claudite jam rivos, sat prata biberunt*, » ma profonde conviction imposait à ma conscience l'obligation d'élever la voix.

Le chapitre 24, selon saint Luc, relatif à la Résurrection à Emmaüs, peut aussi trouver son application dans l'apparition de la Salette.

Là, par l'Eucharistie, nous trouvons l'assemblage des plus grands mystères, Marie semble aussi nous les faire apprécier par son apparition à la Salette ; là, Jésus méconnu de son peuple, Jésus sorti de la tombe par sa résurrection ; à la Salette, Marie se fait connaître aux deux jeunes bergers, puis, se dérobe à leurs regards. Là, corruption des gardes à prix d'argent, pour dire que, pendant leur sommeil, les disciples de Jésus étaient venus l'enlever ; ici, pusillanimité, crainte de disgrâce de quelques croyants arrêtés par des raisons mensongères et contradictoires en apparence, précautions prises d'avance pour empêcher la propagation de la divine apparition.

Les saintes femmes pleuraient sur la tombe du Sauveur, la résurrection était trop éclatante, trop visible pour rester plus longtemps oubliée et méprisée par le conseil des pontifes de Jérusalem ; de même, par certains livres, les révélations de Marie sortiront comme de la tombe, malgré la vigilance des sentinelles réunies et disposées à frapper, peut-être, la trop grande crédulité de certains esprits.

Les trois principales stations de Marie à la Salette, la première sur la pierre et sur l'eau, la deuxième au bas de la vallée, lieu dit de la conversation, et la troisième sur la hauteur, appelée assomption, marquent : 1° le Baptême, 2° la Confirmation, 3° l'Ordre, sacrements qui impriment un caractère ineffaçable. L'apparition représente le Père qui est l'assemblage des perfections divines ; la conversation représente le Fils qui est la connaissance des attributs divins. Dans le premier cas, la conversation procède de l'apparition, car le néant ne parle pas ; dans le second cas, la connaissance qui constitue le Fils, procède du Père, car il est impossible de connaître ce qui n'existe pas. Jésus-Christ, Dieu parfait, Jésus-Christ, homme parfait, procède du Père d'une part, d'après le langage théologique, ou la communication des idiomes, et de l'autre il est engendré, de toute éternité, dans le sein de son Père ou de sa divinité. Comme Dieu, il est sans commencement et sans limites, comme homme né de Marie, il est limité dans le sein de la gloire et le sacrement de son amour. A la Salette, le culte d'hyperdulie, les dix-neuf siècles d'existence, l'immaculée Conception, les brillantes attributions accordées par le Père, le Fils et le St-Esprit, l'époux à Marie, mère de Dieu, représentent la nature divine. La sainte Vierge paraissant dans un lieu étroit et limité, à trois heures de l'après-midi, et disparaissant quelques minutes ensuite, représente par le court espace et la faible distance, quoique d'une manière éloignée, la nature humaine ; on ne rend aux témoins de ces apparitions, quand ils sont saints, qu'un culte de Dulie. Par amour pour nous, Marie nous instruit à la Salette, elle élève les yeux aux cieux, les abaisse sur la terre, elle prie, elle disparaît, son sacrifice est consommé ; c'est la représentation du St-Esprit qui est amour. L'amour procède du Père et du Fils, car on ne peut pas aimer l'inconnu, et on ne peut pas connaître ce qui n'existe pas.

L'eau miraculeuse de la Salette représente la grâce; la pierre représente l'Église, et Marie assise représente le Ciel. Pierre noire, Marie en pleurs, la tête dans ses mains : Église souffrante; apparition, conversation, actions et clarté; Église militante; robe blanche, tablier et bas jaunes, perles partout, couronne et fleurs autour de la chaussure de Marie: Église triomphante. Malades guéris, pécheurs convertis par l'eau de la Salette : Baptême de l'eau; Marie en pleurs sur la pierre comme sur un échafaud : Baptême de sang, martyre. Promenade sur toutes sortes de fleurs qui ne plient pas sous ses pieds; foi inébranlable, constance des confesseurs de la foi, et baptême de désir. Beauté des fleurs, c'est la foi; bonne odeur, c'est l'espérance, vertus à chacune d'elles, pour des guérisons ou l'ornement des parterres, c'est la charité qui, comme le baptême, en nous arrosant de la divine miséricorde, nous fait croître pour le ciel. Apparition, pierre sur l'eau, tenaille, crucifix, marteau, précipices affreux, descente, pénible montée, avertissement, promesses, menaces et récompenses, bénédiction avant de quitter la terre et disparition, c'est la pénitence. Paille sans blé, absence de la communion; raisins pourris, mauvaise communion. Dans le premier cas, la paille est foulée sous les pieds des passants ou de la brute, elle est jetée dans les égouts pour être réduite en putréfaction, sur les grands chemins ou au milieu des rues pour être brûlée; dans le second cas, le raisin pourri qui est l'homme sacrilége, est jeté dans les horreurs et les ténèbres de la voirie. Sans la communion ou avec une mauvaise communion, le cœur de l'homme, au lieu d'être une fournaise d'amour pour Dieu et le prochain, est une fournaise d'iniquités et de passions criminelles; la colère, le désordre et le sang sont son élément: Dis-moi qui tu hantes, je te dirai qui tu es. Point de communion sans pain et sans vin; communion veut dire aller avec; lorsque nous ne sommes que de la paille ou des raisins pourris par notre conduite, nous allons avec le caprice, les révolutions, le sang et les passions qui nous rendent les jouets de la folie et du carnage. Le sang du Fils de Dieu, dès qu'il coule dans nos veines par la communion, semble amener avec lui celui de Marie sa mère et la nôtre, dont il a été composé; de là force, lumière, douceurs, humilité et courage.

A la Salette, Marie prie, descend, monte, s'arrête, parle, élève les yeux aux cieux, les abaisse sur la terre, tout est consommé; elle disparaît, laissant une grande clarté : c'est la représentation du sacrifice de la Croix, de la Messe et de la Communion. La douce voix de Marie, la pénétration de ses paroles, la vision, l'intuition de sa vénérable personne, marquent les trois vertus théologales.

Les mots : « Faites-le passer à mon peuple, » plusieurs fois répétés, la position des trois personnes en forme de croix, le changement de place pour parler, éclairer et fortifier; enfin, Marie, supérieure par sa grandeur à celle des deux bergers, indique la tête mystique de la chrétienté; de chaque côté, les deux bergers inférieurs en stature, indiquent les bras de la Croix, ou de ce même corps mystique, car nous devons tous être les enfants de la Croix. Les membres obéissent à la tête qui donne l'impression ou le commandement; nous devons aussi être unis par les liens de la charité à Jésus-Christ, notre chef; suivre les exemples que nous a donnés ce divin modèle, même au péril de notre vie, et ne point rougir de notre religion : c'est la Confirmation. Les neuvaines, les pèlerinages, l'eau, les pierres, et tout ce qui se rapporte à la Salette, procuré un soulagement spirituel et même corporel dans les maladies, consolation et secours dans les afflictions : c'est l'Extrême-Onction.

Le patois dont s'est servi la sainte Vierge, représente le don des langues. Onze à douze articles, parmi lesquels sept principaux, étaient la matière de la conversation. A Jérusalem, tantôt onze, tantôt douze apôtres : douze fruits du Saint-Esprit, les sept dons.

Marie parle de tous les temps passés, présents et à venir : le don de prophétie et de miracle; clarté reproduite trois fois, c'est l'Ordre : 1.° dans le diaconat, 2.° dans la prêtrise, 3.° dans l'épiscopat. La répétition de ces paroles : « Faites-le passer à mon peuple, » marque le Baptême, la Confirmation et l'Ordre; secret confié aux deux bergers, signe d'alliance, inviolabilité du sacrement de Mariage, union de l'Eglise avec le Saint-Esprit, fidélité des époux, retour des brebis égarées. Croix de Mignet, en 1826, signe du ciel; apparition de la mère de Dieu, en 1846, à la Salette, autre signe qui semble, d'après les prophètes, annoncer la fin des temps : pommes de terre et noix gâtées, paille desséchée et sans grains, raisins pourris, signes de la terre. La position de la petite vallée de la Salette, les chemins tortueux sont semblables ou en harmonie avec ce qui a été annoncé par les mêmes prophètes, à l'occasion du jugement universel. Les principales provisions de bouche sont le pain, le vin, la pomme de terre et les noix; puisque tous ces aliments essentiels à l'espèce humaine doivent manquer, c'est donc un signe que la fin approche. Dans l'apparition, il est question de Noël, temps froid et rigoureux, fin de l'année, il est dit : « Qui en mangera l'année prochaine, si le temps continue encore comme ça? » D'après le langage des prophètes, une année signifie une année composée de semaines, au lieu de jours. Depuis 1846, la chrétienté a passé par bien des épreuves; que va-t-elle devenir jusqu'à 1853? Il reste une consolation, une grande espérance, Marie s'est servi du *si* conditionnel.

Judex crederis esse venturus.

EXEMPLE.

Copie d'une lettre de M. Gérin, curé de Notre-Dame de Grenoble, à M. Desgenette, curé de Notre-Dame des Victoires, à Paris (1).

« Grenoble, le 24 septembre 1847.

« Monsieur et vénéré confrère,

« Je suis allé, le 19 septembre, sur la montagne de la Salette; c'a été un des plus beaux jours de ma vie. J'ai eu l'indicible bonheur de célébrer l'anniversaire du jour

(1) Extrait du *Nouveau Récit de l'apparition de la sainte Vierge sur la montagne des Alpes*, par Monseigneur Clément de Villecourt, évêque de la Rochelle.

à jamais mémorable de la présence visible et corporelle de la très-sainte Vierge dont nous avons déjà parlé ensemble. J'ai eu la faveur insigne d'y célébrer la sainte messe. Il y avait déjà trois jours que les chemins de la Salette étaient encombrés par l'affluence de nombreux pèlerins à plusieurs lieues de distance; les églises étaient inondées de pieux fidèles qui demandaient inutilement à se confesser. Les hôtels, les voitures, les remises, tout étaient rempli et débordait de toutes parts. Dans la nuit du 18 au 19, il y avait sur cette sainte montagne deux mille personnes malgré une pluie battante accompagnée d'orage qui a duré six heures; les parapluies ne pouvaient pas même être déployés.

« Cette multitude, pour se garantir du froid, s'est mise en carré, et, en cet état, elle a chanté toute la nuit les louanges de la sainte Vierge.

« Il n'est pas même résulté de ce bivouac religieux le moindre rhume, le moindre refroidissement, la plus légère indisposition. J'ai vu depuis plusieurs personnes qui avaient été de ce nombre et qui avaient l'apparence de la santé la plus parfaite. La pluie a cessé à minuit; elle n'est plus revenue de toute la journée. Le sommet de la Salette était couronné d'un brouillard assez froid. Sans exagération, il y a de Corps à la Salette 15 kilomètres d'ascension.

« Le chemin était horrible par la pluie de la veille, sans parler de sa rudesse naturelle.

« Nous nous sommes mis sur cette route vers six heures du matin. Les pèlerins y abondaient extraordinairement plus que les fils d'un cordon qui aurait été tiré sur cette ligne. J'ai reçu une large cicatrice à la jambe par une chute que j'ai faite à corps étendu, malgré toutes mes précautions. D'après mes antécédents à cet égard, je devais en avoir au moins pour plusieurs semaines. J'ai un compte sérieux à régler avec ma jambe, me disais-je en me couchant; mais quel a été mon étonnement quand j'ai trouvé cette plaie entièrement cicatrisée. Ce qui m'a vivement attendri dans cette ascension, c'étaient les chants des litanies, du petit office, des cantiques de la sainte Vierge dans le cœur et la bouche des hommes, des femmes, des jeunes gens, des jeunes personnes ; la récitation du chapelet et d'autres prières à voix haute par un aussi grand nombre de personnes ; des montures chargées d'un père ou d'une mère, tenant amoureusement autour d'eux leurs enfants ; de pauvres mères marchant à pied en serrant contre leur sein de tout petits enfants ; des personnes portées en palanquin ; des infirmes de toute espèce. Arrivés enfin sur la montagne sainte, nous avons vu avec ravissement un vrai campement d'Israël, des groupes de toutes parts assis à côté de leurs montures.

Deux ou trois hommes m'ont fort obligeamment frayé, à travers une foule compacte comme une pierre, un passage pour arriver à la chapelle de Planche, où était un autel où l'on disait deux messes a la fois. Entraîné par le torrent de la foule, séparé de mes guides, livré entièrement à la disposition de cette masse entassée, un moment je me croyais perdu, et je ne sais comment je suis arrivé au pied de cet autel ; j'ai eu le bonheur d'y dire la messe pour toute ma paroisse. Des prêtres donnaient tour à tour la communion aux fidèles. Mais cette foule a empêché beaucoup de prêtres de célébrer la sainte messe, et un grand nombre de fidèles de communier. Il y a même eu un moment où l'on ne pouvait plus répondre de la vie des pèlerins qui étaient là. On a été alors dans la douloureuse nécessité d'interrompre le saint sacrifice de la messe, deux heures avant le terme final fixé par Monseigneur, c'est-à-dire avant une heure de l'après-midi. On m'a donné à peine le temps de faire mon action de grâce. Revêtu d'un rochet et d'une étole pour détourner la foule des environs de la chapelle, où le danger était imminent, plusieurs ecclésiastiques vigoureux m'ont fait traverser, non sans peine, la combe, au milieu d'une population immense ; et m'ont conduit sur le versant opposé, c'est à l'est. Précaution inutile : le danger était toujours le même près de la chapelle. J'étais presque regardé comme un pape au milieu de cette masse d'enfants de Marie. Un nombre immense de croix, de chapelets, de médailles m'étaient mis sous les yeux pour avoir des indulgences.

Enfin nous nous sommes arrêtés. Un ecclésiastique du voisinage de Grenoble (M. Bibilat), autorisé par Monseigneur, a donné une bonne instruction qu'il avait préparée. La prière, la sanctification du dimanche, l'horreur du blasphème en ont été le sujet. L'orateur a parlé une demi-heure, mais, désavantageusement placé, il a été peu entendu. A la fin de cette zélée instruction, nous avons prié pour les pèlerins, pour Monseigneur, pour le diocèse, pour toute la France. Après la prière, ont succédé les chants du *Salve Regina*, du *Magnificat*, du *Sub tuum*, du cantique *Bénissons à jamais*. Pendant le *Magnificat*, le nuage, qui était jeté comme un voile sur l'immense multitude, s'est levé comme par enchantement. C'est alors que j'ai été témoin du plus beau spectacle que j'aie jamais vu de ma vie. J'avais sous mes yeux soixante mille personnes, toutes chantaient ensemble. D'abondantes larmes, plus douces que le miel, coulaient des yeux de tous ces enfants de Marie. Jamais je n'ai vu un pareil spectacle, ni à Lyon à l'arrivée des Bourbons, au retour de l'exil, ni à l'apparition de Bonaparte, au retour de l'île d'Elbe; ni à Notre-Dame des Ermites, à l'anniversaire de la consécration miraculeuse de cette chapelle; ni à Rome, à la prise de possession de Saint-Pierre par Pie IX, et cependant à peine y avait-il là les deux tiers des pèlerins. Comme on n'avait commencé à dire des messes sur la montagne qu'à trois heures, on en descendait depuis trois heures et demie du matin. Plusieurs hommes de l'art, sans s'être entendus ensemble, ont porté à plus de soixante mille le nombre de cette population si intéressante, sans y comprendre le mouvement incessant d'une autre foule qui montait et qui descendait; ce qui a été en tout, pour la mémorable journée, un mouvement de cent mille pèlerins. Il était midi, le peuple demandait encore qu'on prêchât. En montant sur le toit d'une cabane pour être aperçu de la foule, je me souvins que j'étais à jeun, que mes forces me feraient défaut. Mes forces un peu réparées, je parlai de la sainte Vierge pendant une demi-heure à cette multitude affamée. Mieux placé que le prédicateur du matin, j'étais mieux entendu. Des larmes d'amour coulaient des yeux de nos pieux pèlerins, pour lesquels je me sentais une affection sans pareille. Le soir, la belle église de Corps, bâtie par les Bénédictins, était remplie de pèlerins. Nous y avons encore parlé de l'amour de Marie, à la satisfaction de tous ces enfants de Marie.

On fait sur la montagne une octave de messes, et l'on y accourt encore avec empressement de toutes parts.

J'ai l'honneur d'être, avec respect, Monsieur et vénéré confrère, votre très-humble serviteur,

GÉRIN, *Curé.*

PRIÈRE A RÉCITER DEVANT UN CRUCIFIX
OU
L'IMAGE D'UN CRUCIFIX, UN JOUR DE COMMUNION.

Avec indulgence plénière à perpétuité et la délivrance d'une âme du purgatoire, accordée par les papes Clément VIII, Benoît XIV, Pie VII et Léon XII.

Me voici, ô bon et très-doux Jésus ! prosterné à genoux en votre sainte présence, pour vous prier et vous conjurer, avec toute l'ardeur de mon âme, de daigner graver dans mon cœur de vifs sentiments de foi, d'espérance et de charité, un vrai repentir de mes égarements passés et le ferme projet de m'en corriger, pendant que je considère en moi-même et que je contemple en esprit vos cinq plaies, avec une grande affection et une grande douleur, ayant devant les yeux ces paroles que prononçait déjà de vous, ô bon Jésus, le prophète David : *Ils ont percé mes mains et mes pieds, et ils ont compté tous mes os.*

PRIÈRE DE SAINT BERNARD.

Souvenez-vous, ô très-pieuse Vierge Marie, qu'on n'a jamais ouï dire qu'aucun de ceux qui ont eu recours à votre protection, imploré votre secours, réclamé vos suffrages, ait été délaissé. Animé de cette confiance, ô Vierge

des vierges, ô ma Mère, je me prosterne avec gémissement
à vos pieds. O Mère du Verbe divin ! ne méprisez pas
mes supplications, mais écoutez-les avec bonté, et daignez
les exaucer.

Ainsi soit-il.

Que les nations de la terre sachent bien que Marie ne
s'est pas présentée sans motif à la Salette; une apparition aussi solennelle suppose les plus grands évènements;
en conséquence, jetons-nous avec empressement dans
les saints cœurs de Jésus et de Marie. Que Notre-Dame
de la Salette soit notre consolation dans nos afflictions,
notre soutien dans notre faiblesse, notre réconfort
dans nos maladies spirituelles et corporelles. Que les
saints cœurs de Jésus et de Marie nous servent de flam-
beau pour arriver à la bienheureuse éternité.

Bénie soit la très-sainte, la très-pure, la très-imma-
culée Conception de la glorieuse Vierge Marie, mère de
Dieu, à jamais.

Que la très-sainte, la très-excellente et la très-aimable
volonté de Dieu soit faite; qu'elle soit louée et exaltée
en toutes choses et pendant toute l'éternité.

Que les noms de Jésus et de Marie soient loués main-
tenant et à jamais.

JÉSUS, MARIE, JOSEPH.

Paris. — Imprimerie de J.-B. Gros, rue du Foin-Saint-Jacques, 18.

www.ingramcontent.com/pod-product-compliance
Lightning Source LLC
LaVergne TN
LVHW050335030726
842520LV00005B/1925